Impressum
Verlag: BABADADA GmbH, Nedderfeld 112 , 22529 Hamburg
Geschäftsführer / Verlagsleitung: Harald Hof
Druck: Books on Demand GmbH, In de Tarpen 42, 22848 Norderstedt

Imprint
Publisher: BABADADA GmbH, Nedderfeld 112 , 22529 Hamburg, Germany
Managing Director / Publishing direction: Harald Hof
Print: Books on Demand GmbH, In de Tarpen 42, 22848 Norderstedt, Germany

škola
mokykla

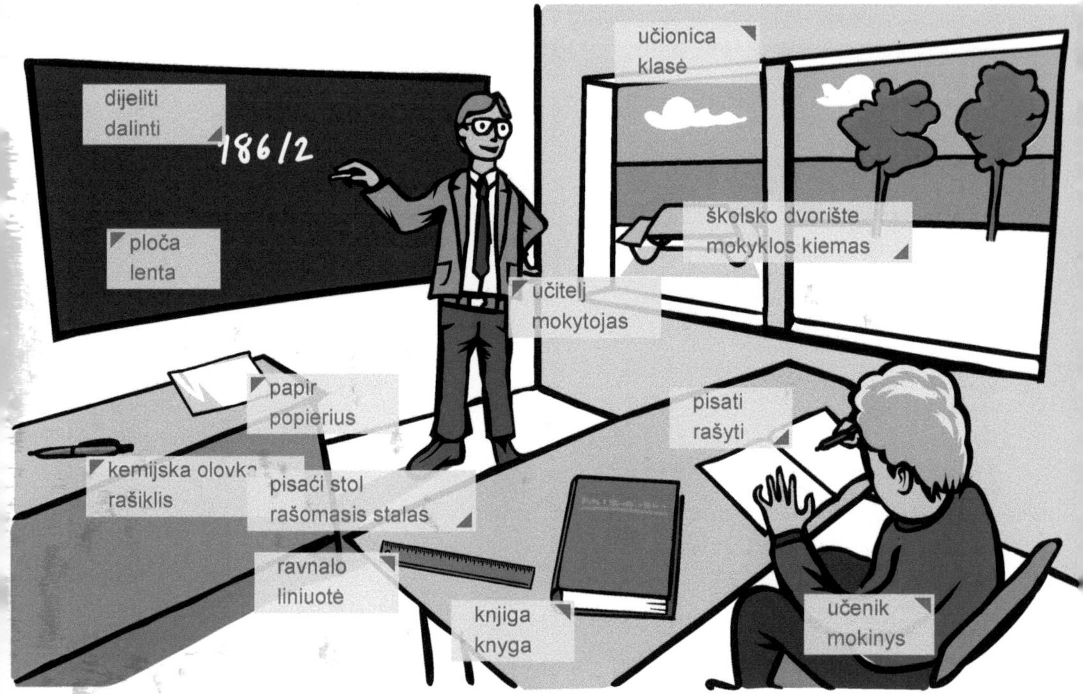
učionica
klasė
dijeliti
dalinti
186/2
ploča
lenta
školsko dvorište
mokyklos kiemas
učitelj
mokytojas
papir
popierius
pisati
rašyti
kemijska olovka
rašiklis
pisaći stol
rašomasis stalas
ravnalo
liniuotė
knjiga
knyga
učenik
mokinys

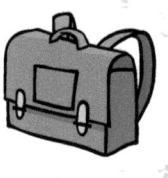

torba
kuprinė

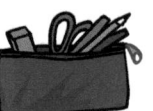

pernica
penalas

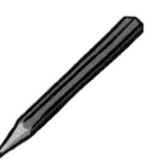

grafitna olovka
pieštukas

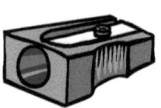

šiljilo za olovke
drožtukas

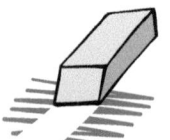

gumica za brisanje
trintukas

blok za crtanje
piešimo bloknotas

crtež
....
piešinys

kist
....
teptukas

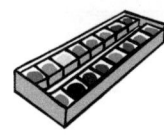

kutija s bojama
....
dažų dėžutė

makaze
....
žirklės

ljepilo
....
klijai

bilježnica
....
vadovėlis

domaći zadatak
....
namų darbai

broj
....
numeris

sabirati
....
pridėti

oduzimati
....
atimti

množiti
....
dauginti

računati
....
skaičiuoti

slovo
....
raidė

abeceda
....
abėcėlė

riječ
....
žodis

tekst

tekstas

čitati

skaityti

kreda

kreida

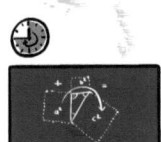

sat

pamoka

dnevnik

dienynas

ispit

egzaminas

svjedodžba

pažymėjimas

školska uniforma

mokyklinė uniforma

obrazovanje

išsilavinimas

leksikon

enciklopedija

sveučilište

universitetas

mikroskop

mikroskopas

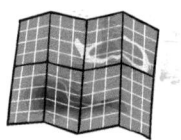

karta

žemėlapis

košara za papir

šiukšliadėžė

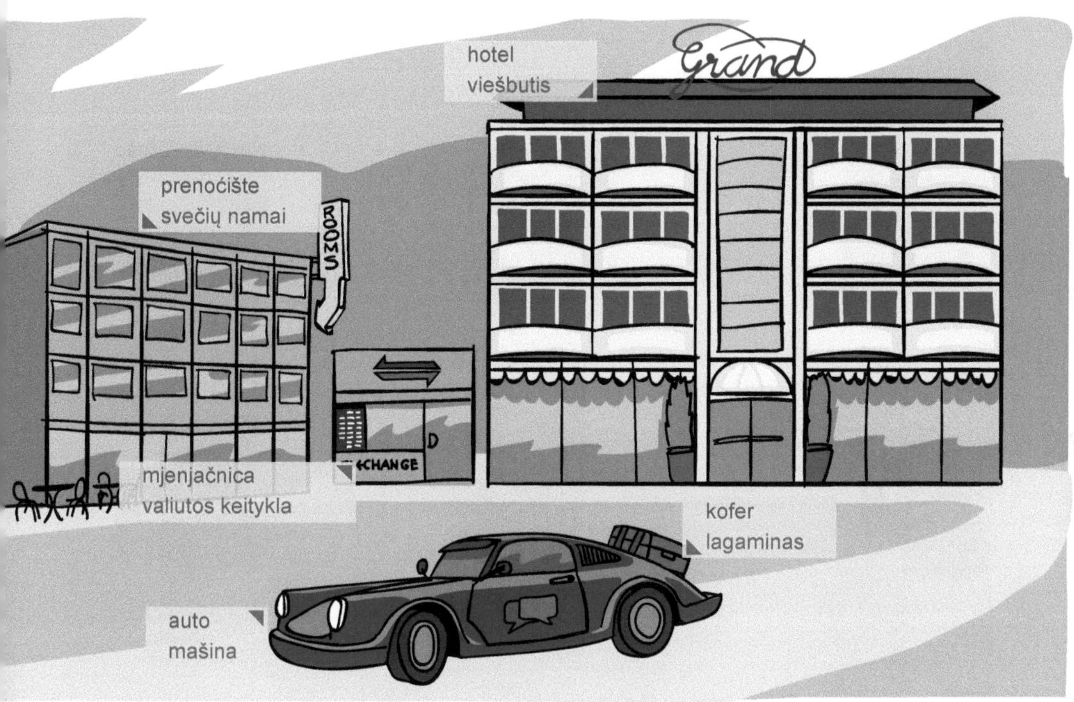

hotel
viešbutis
Grand
prenoćište
svečių namai
ROOMS
mjenjačnica
valiutos keitykla
CHANGE
kofer
lagaminas
auto
mašina

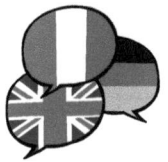

jezik

kalba

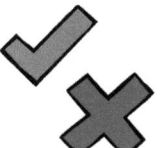

da / ne

taip / ne

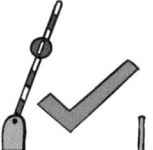

okay

Gerai

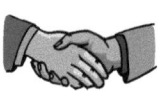

zdravo

sveiki

prevoditelj

vertėjas raštu

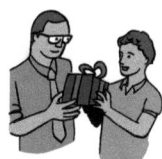

hvala

Ačiū

Koliko košta...?

kiek kainuoja...?

ne razumijem

aš nesuprantu

problem

problema

dobro veče!

Labas vakaras!

Dobro jutro!

Labas rytas!

Laku noć!

Labos nakties!

doviđenja

viso gero

smjer

kryptis

prtljaga

bagažas

torba

krepšys

ruksak

kuprinė

gost

svečias

soba

kambarys

vreća za spavanje

miegmaišis

šator

palapinė

turističke informacije

turizmo informacija

plaža

paplūdimys

kreditna kartica

kreditinė kortelė

doručak

pusryčiai

ručak

pietūs

večera

vakarienė

karta za vožnju

bilietas

dizalo

liftas

poštanska markica

pašto ženklas

granica

siena

carina

muitinė

ambasada

ambasada

viza

viza

putovnica

pasas

transport
transportas

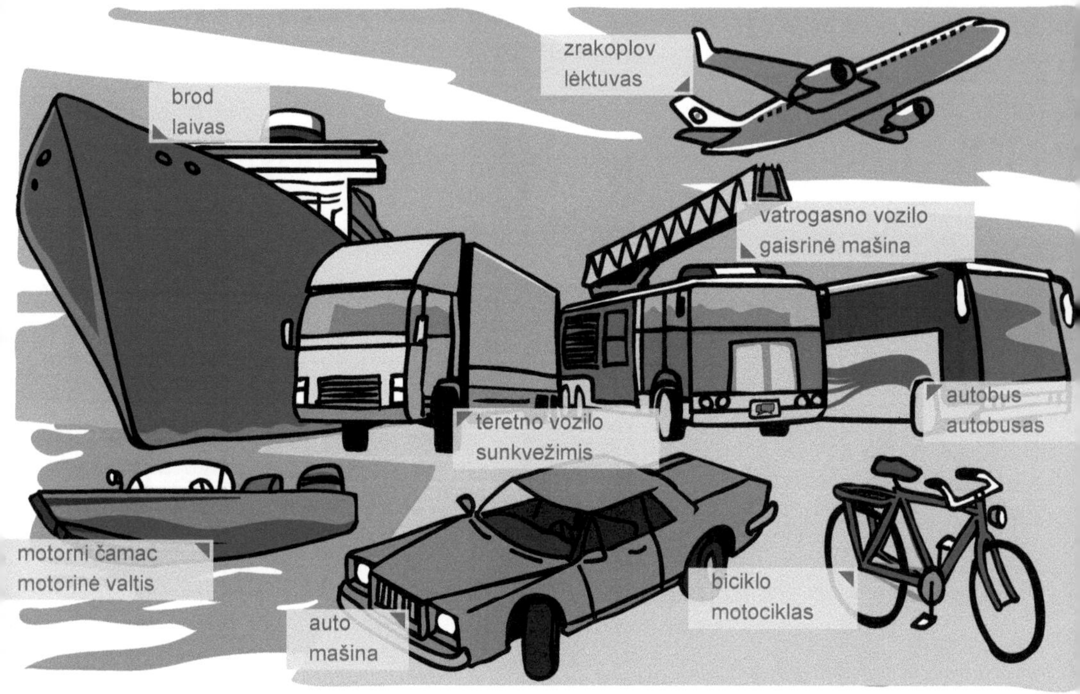
zrakoplov
lėktuvas
brod
laivas
vatrogasno vozilo
gaisrinė mašina
autobus
autobusas
teretno vozilo
sunkvežimis
motorni čamac
motorinė valtis
biciklo
motociklas
auto
mašina

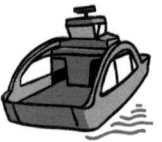

trajekt

keltas

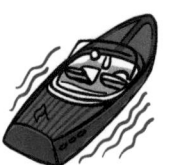

čamac

valtis

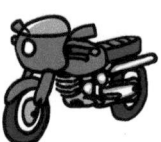

motocikl

mopedas

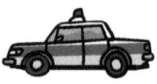

policijski auto

policijos automobilis

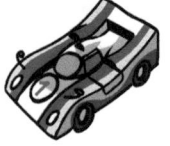

trkaći auto

lenktyninis automobilis

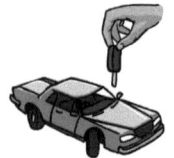

iznajmljeno auto

nuomojamas automobilis

dijeljenje automobila

bendras automobilio
naudojimas

vučno vozilo

techninės pagalbos
automobilis

vozilo za odvoz smeća

šiukšliavežė

motor

variklis

benzin

degalai

benzinska postaja

degalinė

prometni znak

kelio ženklas

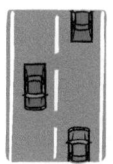

promet

eismas

zastoj

eismo spūstis

parkiralište

mašinų stovėjimo aikštelė

kolodvor

traukinių stotis

šine

bėgiai

vlak

traukinys

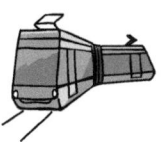

tramvaj

tramvajus

vagon

vagonas

helikopter

sraigtasparnis

zrakoplovna luka

oro uostas

toranj

bokštas

putnik

keleivis

kontejner

konteineris

karton

dėžė

kolica

vežimėlis

košara

krepšys

uzletjeti / sletjeti

pakilti / nusileisti

grad

miestas

selo

kaimas

centar grada

miesto centras

kuća

namas

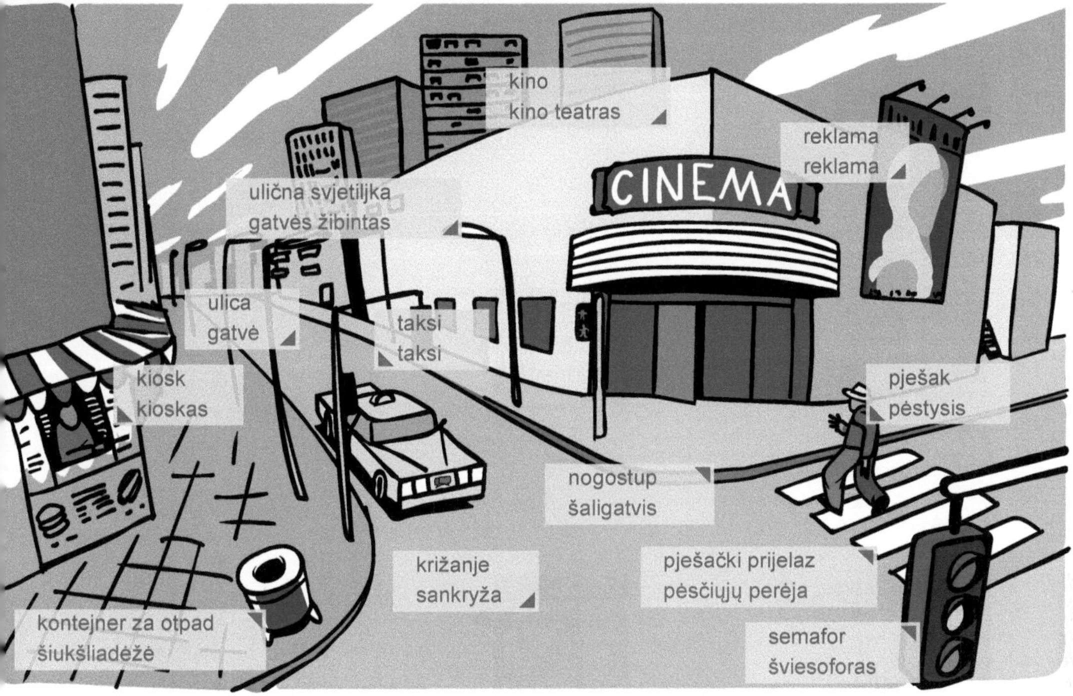
kino
kino teatras
reklama
reklama
CINEMA
ulična svjetiljka
gatvės žibintas
ulica
gatvė
taksi
taksi
kiosk
kioskas
pješak
pėstysis
nogostup
šaligatvis
križanje
sankryža
pješački prijelaz
pėsčiųjų perėja
kontejner za otpad
šiukšliadėžė
semafor
šviesoforas

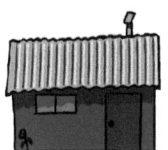

koliba
trobelė

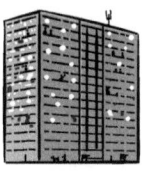

stan
butas

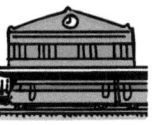

kolodvor
traukinių stotis

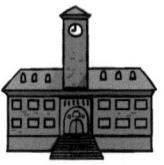

vijećnica
rotušė

MUSEUM

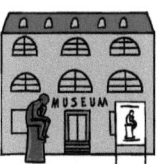

muzej
muziejus

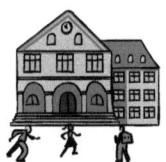

škola
mokykla

sveučilište

universitetas

banka

bankas

bolnica

ligoninė

hotel

viešbutis

ljekarna

vaistinė

ured

biuras

knjižara

knygynas

prodavaonica

parduotuvė

cvjećara

gėlių parduotuvė

supermarket

prekybos centras

trg

turgus

robna kuća

universalinė parduotuvė

ribarnica

žuvies parduotuvė

trgovački centar

prekybos centras

luka

uostas

park

parkas

klupa

suoliukas

most

tiltas

stepenice

laiptai

podzemna željeznica

metro

tunel

tunelis

autobusna stanica

autobusų stotelė

bar

baras

restoran

restoranas

poštansko sanduče

lauko pašto dėžutė

ulični znak

kelio ženklas

parkirni sat

parkomatas

zoološki vrt

zoologijos sodas

bazen

baseinas

džamija

mečetė

seosko gazdinstvo

ūkininko ūkis

zagađenje okoliša

tarša

groblje

kapinės

crkva

bažnyčia

igralište

žaidimų aikštelė

hram

šventykla

krajolik
kraštovaizdis

list
lapas

putokaz
kelio rodyklė

put
kelias

livada
pieva

kamen
akmuo

šetač
ėjikas

drvo
medis

rijeka
upė

trava
žolė

cvijet
gėlė

dolina

slėnis

planina

kalva

jezero

ežeras

šuma

miškas

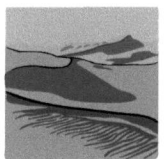

pustinja

dykuma

vulkan

ugnikalnis

dvorac

pilis

duga

vaivorykštė

gljiva

grybas

palma

palmė

moskito

uodas

muha

musė

mrav

skruzdėlė

pčela

bitė

pauk

voras

buba
vabalas

žaba
varlė

vjeverica
voverė

jež
ežys

zec
kiškis

sova
pelėda

ptica
paukštis

labud
gulbė

divlja svinja
šernas

jelen
elnias

los
briedis

nasip
užtvanka

vjetrenjača
vėjo jėgainė

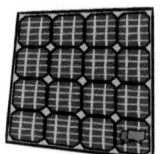

solarna ploča
saulės baterija

klima
klimatas

restoran
restoranas

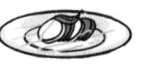

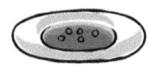

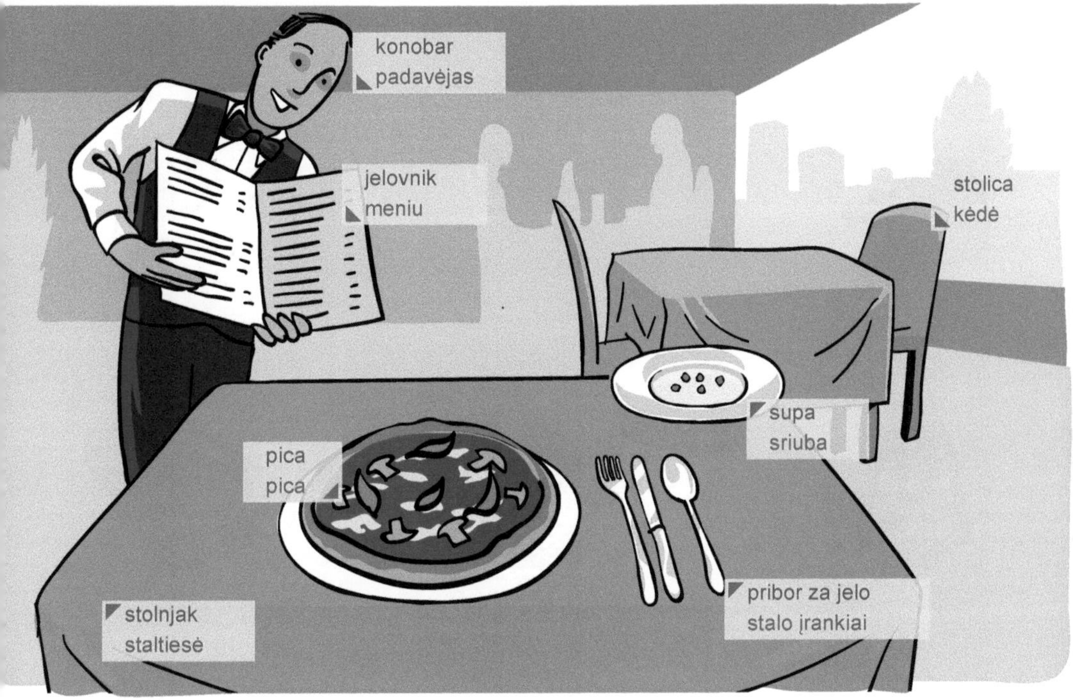
konobar
padavėjas
jelovnik
meniu
stolica
kėdė
supa
sriuba
pica
pica
pribor za jelo
stalo įrankiai
stolnjak
staltiesė

predjelo

užkandis

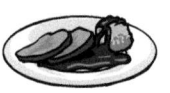

glavno jelo

pagrindinis patiekalas

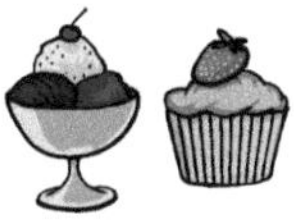

desert

desertas

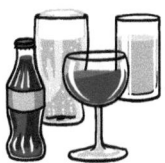

napitci

gėrimai

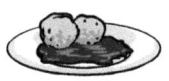

jelo

maistas

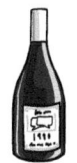

boca

butelis

fastfood

greitai pateikiamas maistas

imbis hrana

gatvės maistas

čajnik

arbatinukas

doza za šećer

cukrinė

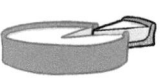

porcija

porcija

aparat za espresso

espreso aparatas

visoka stolica

aukšta kėdė

račun

sąskaita

pladanj

padėklas

nož

peilis

vilica

šakutė

žlica

šaukštas

čajna žlica

arbatinis šaukštelis

ubrus

servetėlė

čaša

stiklinė

tanjur

lėkštė

tanjur za supu

sriubos lėkštė

tanjurić

padėklas

sos

padažas

soljenka

druskinė

mlin za biber

pipirų malūnėlis

ocat

actas

ulje

aliejus

začini

prieskoniai

kečap

kečupas

senf

garstyčios

majoneza

majonezas

supermarket
prekybos centras

ponuda
specialus pasiūlymas
FOR
kupac
pirkėjas
mliječni proizvodi
pieno produktai
voće
vaisiai
kolica za kupnju
troleibusas

BUTCHERS

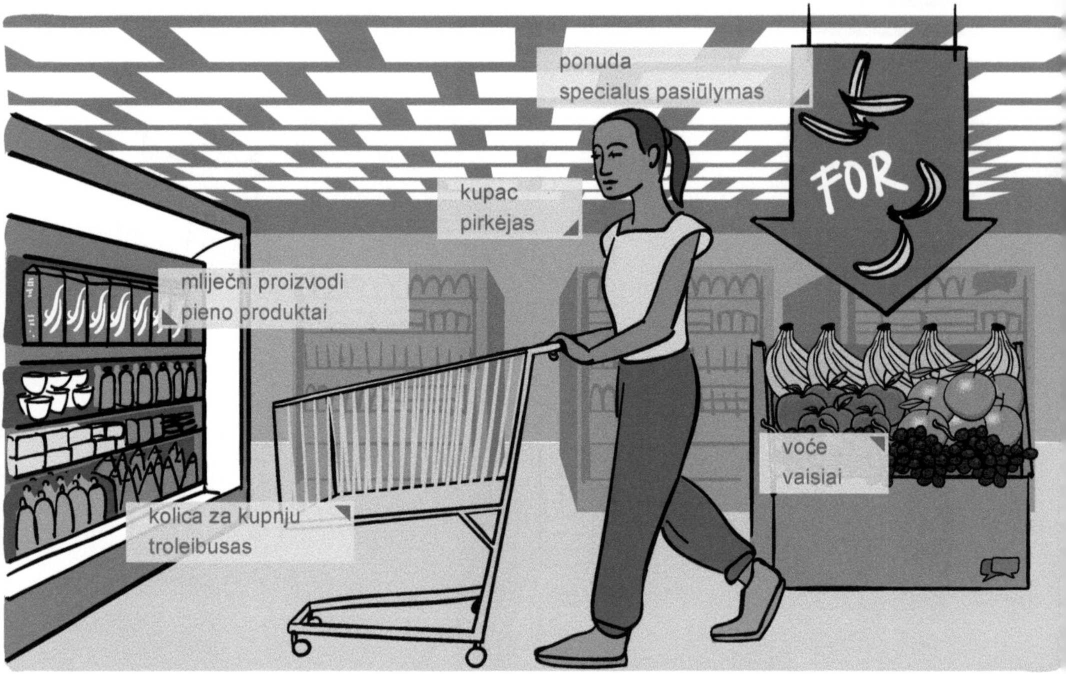

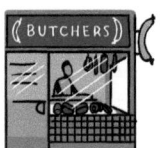

mesnica

mėsos parduotuvė

BAKERY

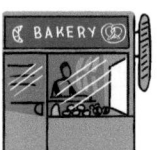

pekarnica

kepykla

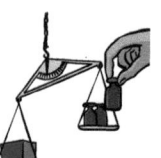

vagati

sverti

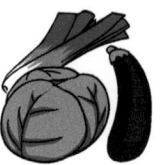

povrće

daržovės

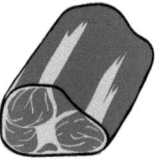

meso

mėsa

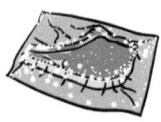

duboko smrznuta hrana

šaldytas maistas

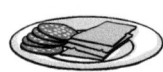

narezak

šalti mėsos užkandžiai

konzerve

konservai

sredstvo za pranje

skalbimo milteliai

slatkiši

saldumynai

artikli za domaćinstvo

ūkinės prekės

sredstva za čišćenje

valymo priemonės

prodavačica

pardavėja

blagajna

kasos aparatas

blagajnik

kasininkas

lista za kupnju

pirkinių sąrašas

vrijeme rada

darbo valandos

novčanik

piniginė

kreditna kartica

kreditinė kortelė

torba

maišelis

plastična vrećica

plastikinis maišelis

voda

vanduo

sok

sultys

mlijeko

pienas

cola

kola

vino

vynas

pivo

alus

alkohol

alkoholis

kakao

kakava

čaj

arbata

kava

kava

espresso

espresas

cappuccino

kapučinas

banana

bananas

jabuka

obuolys

naranča

apelsinas

lubenica

arbūzas

limun

citrina

mrkva

morka

češnjak

česnakas

bambus

bambukas

luk

svogūnas

gljiva

grybas

orašasti plodovi

riešutai

rezanci

makaronai

špagete

spagečiai

riža

ryžiai

salata

salotos

pomfrit

traškučiai

pečeni krumpir

keptos bulvės

pica

pica

hamburger

mėsainis

sendvič

sumuštinis

šnicla

pjausnys

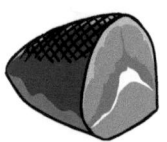

pršut

kumpis

salama

saliamis

kobasica

dešrelė

kokoš

vištiena

pečenje

kepsnys

riba

žuvis

zobene pahuljice

avižų dribsniai

musli

dribsniai su priedais

kukuruzne pahuljice

kukurūzų dribsniai

brašno

miltai

roščić

prancūziškasis ragelis

pecivo

bandelė

kruh

duona

toast

skrebutis

keksi

sausainiai

maslac

sviestas

svježi sir

varškė

kolač

tortas

jaje

kiaušinis

jaje na oko

kiaušinienė

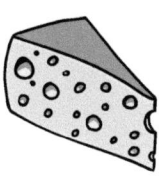

sir

sūris

sladoled

ledai

šećer

cukrus

med

medus

marmelada

uogienė

nugat krema

tepamas šokoladas

curry

karis

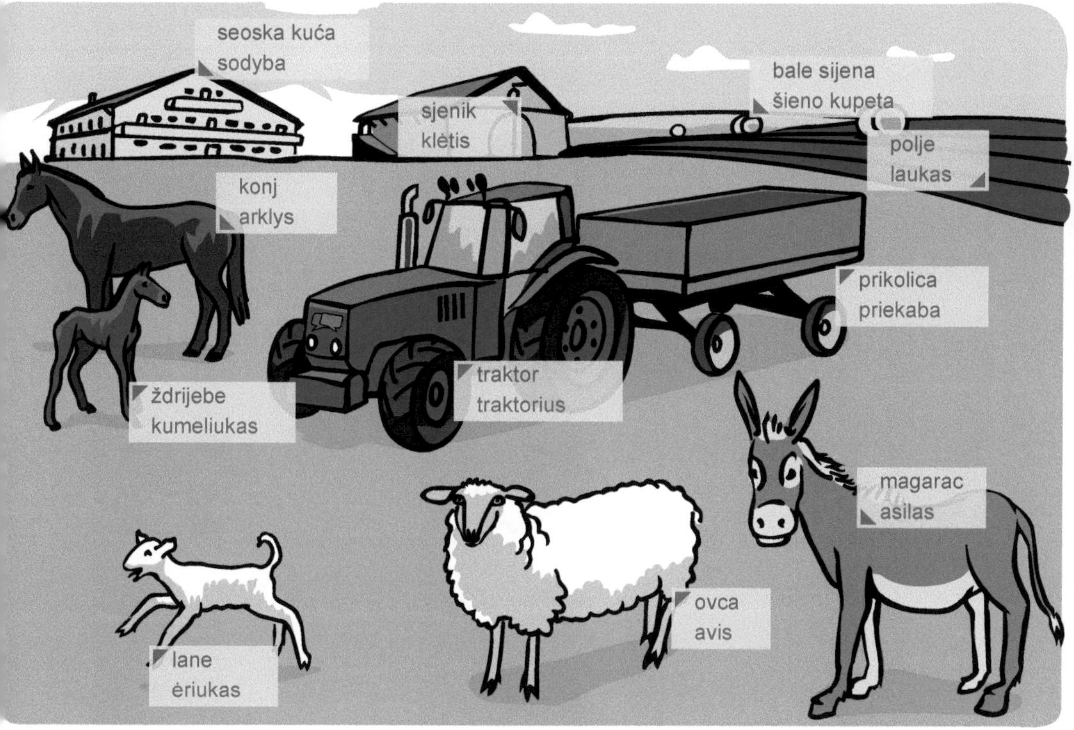

seoska kuća
sodyba

sjenik
klėtis

bale sijena
šieno kupeta

polje
laukas

konj
arklys

prikolica
priekaba

traktor
traktorius

ždrijebe
kumeliukas

magarac
asilas

ovca
avis

lane
ėriukas

koza
ožys

krava
karvė

tele
veršis

svinja
kiaulė

prase
paršelis

bik
bulius

guska
žąsis

patka
antis

pilići
viščiukas

kokoš
višta

pijetao
gaidys

pacov
žiurkė

mačka
katė

miš
pelė

vol
jautis

pas
šuo

kućica za psa
šuns būda

vrtno crijevo
sodo namas

kanta za polijevanje
laistytuvas

kosa
dalgis

plug
plūgas

srp
pjautuvas

motika
kauptukas

vilica za gnojivo
šakės

sjekira
kirvis

tačke
statinė

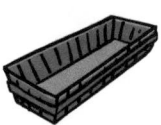

korito
lovys

posuda za mlijeko
bidonas

vreća
maišas

ograda
tvora

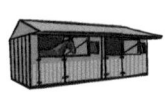

štala
arklidė

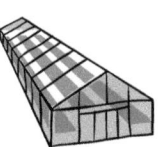

staklenik
šiltnamis

zemlja
dirva

sjeme
sėkla

gnojivo
trąšos

kombajn
kombainas

žanjati

rinkti

žetva

derlius

yams začin

saldžiosios bulvės

pšenica

kviečiai

soja

soja

krumpir

bulvė

kukuruz

kukurūzai

uljana repica

rapsai

voćka

vaismedis

gomolj manioke

manijokas

žitarice

grūdai

kuća
namas

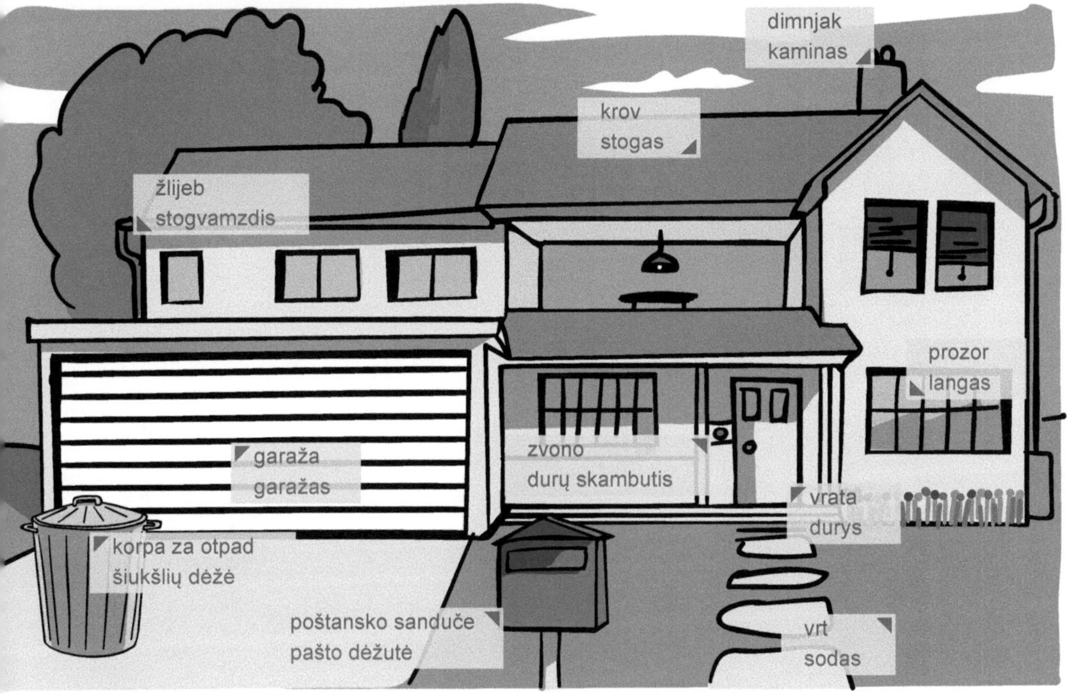

dimnjak
kaminas
krov
stogas
žlijeb
stogvamzdis
prozor
langas
garaža
garažas
zvono
durų skambutis
vrata
durys
korpa za otpad
šiukšlių dėžė
poštansko sanduče
pašto dėžutė
vrt
sodas

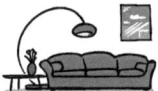

dnevna soba

svetainė

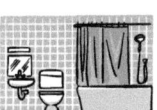

kupaonica

vonios kambarys

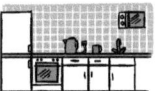

kuhinja

virtuvė

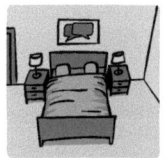

spavaća soba

miegamasis

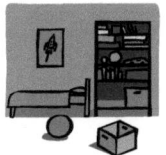

dječija soba

vaiko kambarys

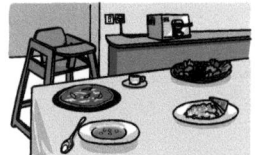

trpezarija

valgomasis

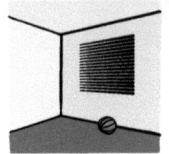

pod

grindys

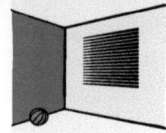

zid

siena

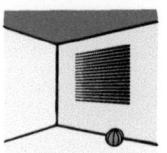

strop

lubos

podrum

rūsys

sauna

sauna

balkon

balkonas

terasa

terasa

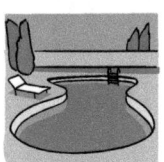

bazen

baseinas

kosilica za travu

žoliapjovė

posteljina za krevet

paklodė

deka za krevet

lovatiesė

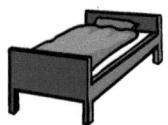

krevet

lova

metla

šluota

kanta

kibiras

sklopka

jungiklis

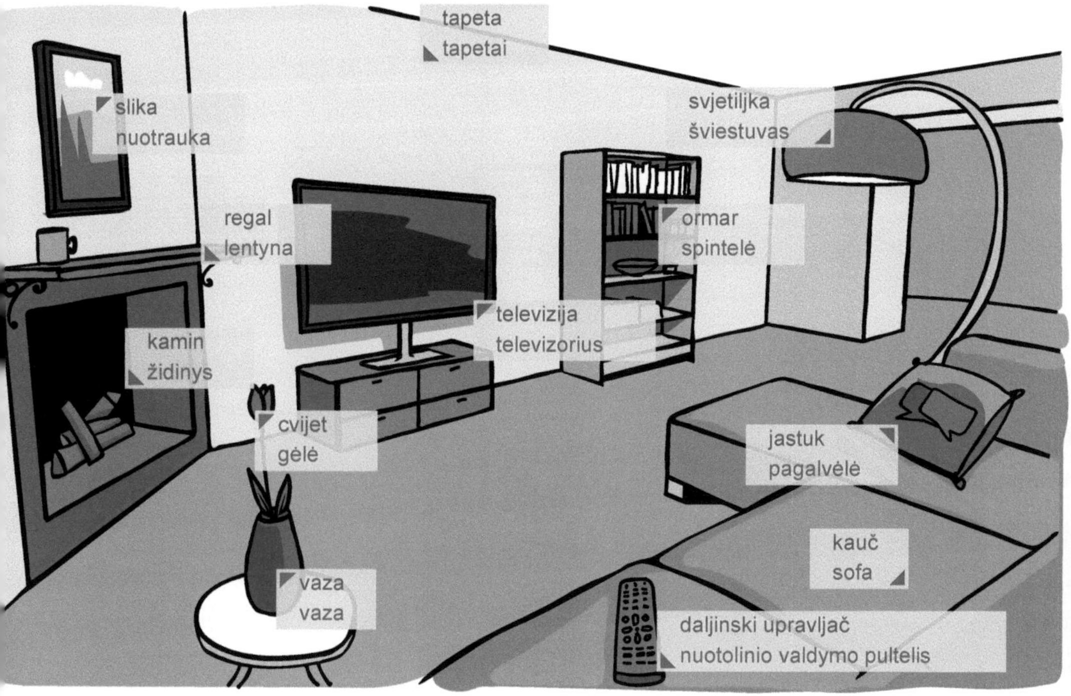

tapeta
tapetai

slika
nuotrauka

svjetiljka
šviestuvas

regal
lentyna

ormar
spintelė

kamin
židinys

televizija
televizorius

cvijet
gėlė

jastuk
pagalvėlė

kauč
sofa

vaza
vaza

daljinski upravljač
nuotolinio valdymo pultelis

tepih
kilimas

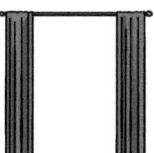

zavjesa
užuolaida

stol
stalas

stolica
kėdė

stolica za njihanje
supamasis krėslas

fotelja
fotelis

knjiga
knyga

deka
antklodė

dekoracija
papuošimai

drvo za ogrjev
malkos

film
filmas

stereo uređaj
stereo aparatūra

ključ
raktas

novine
laikraštis

slika na platnu
paveikslas

poster
plakatas

radio
radijas

blok za pisanje
užrašų knygelė

usisavač
dulkių siurblys

kaktus
kaktusas

svijeća
žvakė

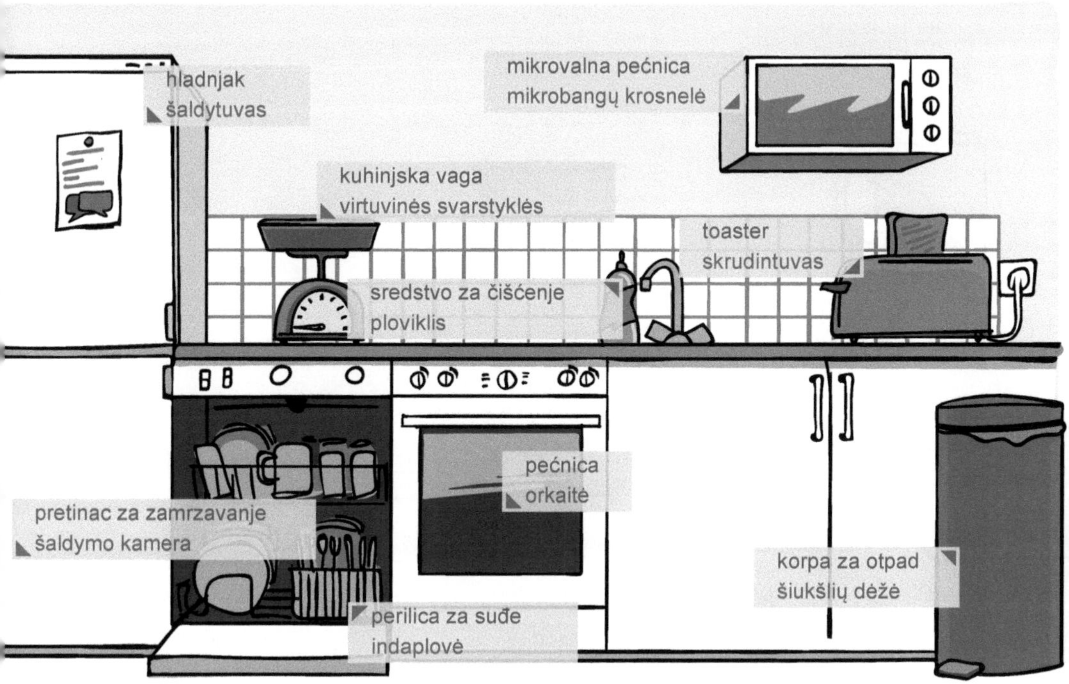

hladnjak
šaldytuvas

mikrovalna pećnica
mikrobangų krosnelė

kuhinjska vaga
virtuvinės svarstyklės

toaster
skrudintuvas

sredstvo za čišćenje
ploviklis

pećnica
orkaitė

pretinac za zamrzavanje
šaldymo kamera

korpa za otpad
šiukšlių dėžė

perilica za suđe
indaplovė

štednjak
....
viryklė

lonac
....
puodas

željezni lonac
....
ketaus puodas

wok / kadai
....
„wok" keptuvė

tava
....
keptuvė

kuhalo za vodu
....
virdulys

kuhalo na paru

garų puodas

lim za pečenje

kepimo skarda

posuđe

porceliano indai

čaša

puodelis

zdjela

dubuo

štapići za jelo

valgomosios lazdelės

kutljača

samtis

lopatica

mentelė

pjenjača

plaktuvas

sito za kuhanje

koštuvas

sito

sietas

ribež

trintuvė

mužar

grūstuvė

roštilj

kepsninė

ognjište

atvira liepsna

daska

pjaustymo lentelė

oklagija

kočėlas

vadičep

kamščiatraukis

konzerva

skardinė

otvarač konzervi

skardinių atidarytuvas

krpa za lonac

puodkėlė

sudoper

kriauklė

četka

šepetys

spužva

kempinė

mikser

trintuvas

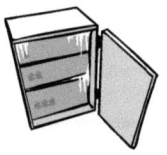

zamrzivač

šaldiklis

bočica za bebe

kūdikių buteliukas

slavina za vodu

čiaupas

kuhinja - virtuvė

kupaonica

vonios kambarys

grijanje
šildymas
ručnik
rankšluostis
tuš
dušas
zavjesa za tuš
dušo užuolaidos
pjenušava kupka
vonios putos
kada
vonia
čaša
stiklinė
perilica za rublje
skalbimo mašina
slavina za vodu
čiaupas
pločice
plytelės
dječja kahlica
naktinis puodukas
sudoper
kriauklė

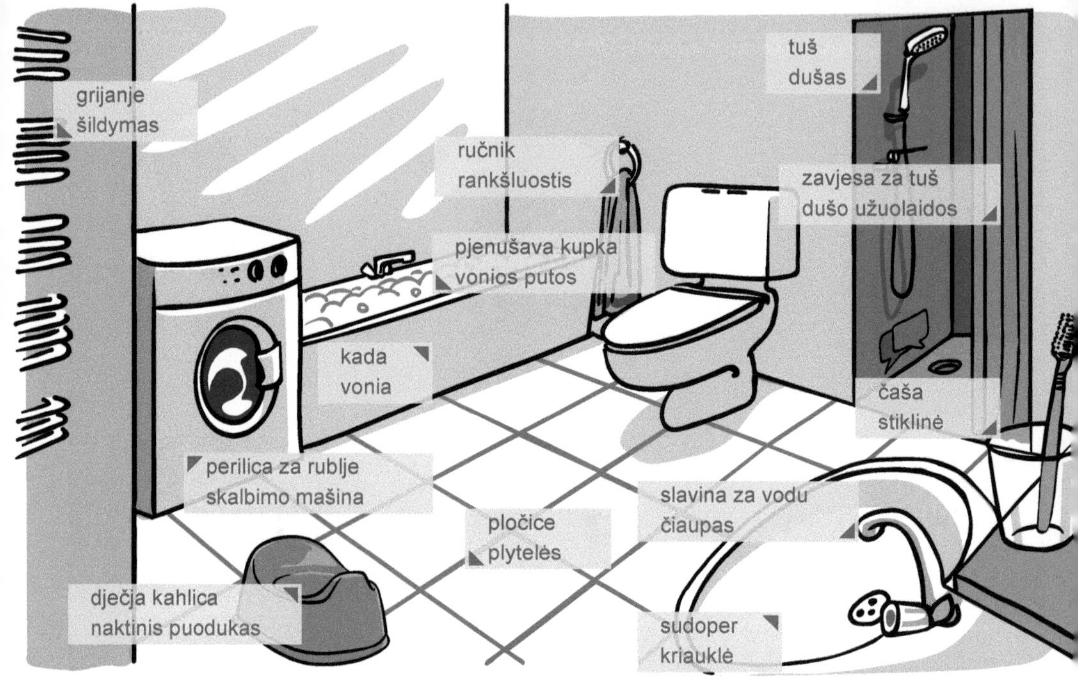

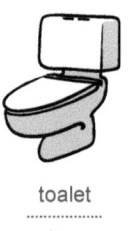

toalet

unitazas

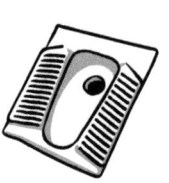

čučavac

tupimasis unitazas

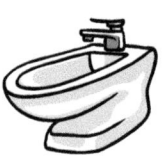

bidet

bidė

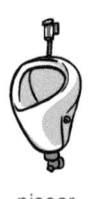

pisoar

pisuaras

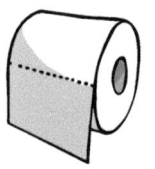

papir za toalet

tualetinis popierius

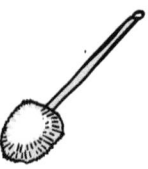

četka za toalet

unitazo šepetys

četkica za zube

dantų šepetėlis

pasta za zube

dantų pasta

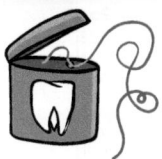

konac za zube

dantų siūlas

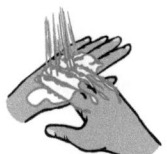

prati

plauti

tuš ručica

dušo galvutė

tuš za pranje intimnih dijelova

higieninis dušas

lavor

praustuvas

četka za pranje leđa

nugaros plaušinė

sapun

muilas

gel za tuširanje

dušo želė

šampon

šampūnas

krpa za pranje

plaušinė

odvod

kanalizacija

krema

kremas

dezodorans

dezodorantas

ogledalo

veidrodis

kozmetičko ogledalo

veidrodėlis

brijač

skustuvas

pjena za brijanje

skutimosi putos

losion za poslije brijanja

losjonas po skutimosi

češalj

šukos

četka

šepetys

sušilo za kosu

plaukų džiovintuvas

sprej za kosu

plaukų lakas

makeup

makiažas

ruž za usne

lūpdažis

lak za nokte

nagų lakas

vata

vata

škare za nokte

žirklutės nagams

parfem

kvepalai

neseser

maišelis skalbiniams

stolica

taburetė

vaga

svarstyklės

ogrtač

chalatas

rukavice za čišćenje

guminės pirštinės

tampon

tamponas

uložak

higieninis įklotas

kemijski toalet

biotualetas

dječija soba
vaiko kambarys

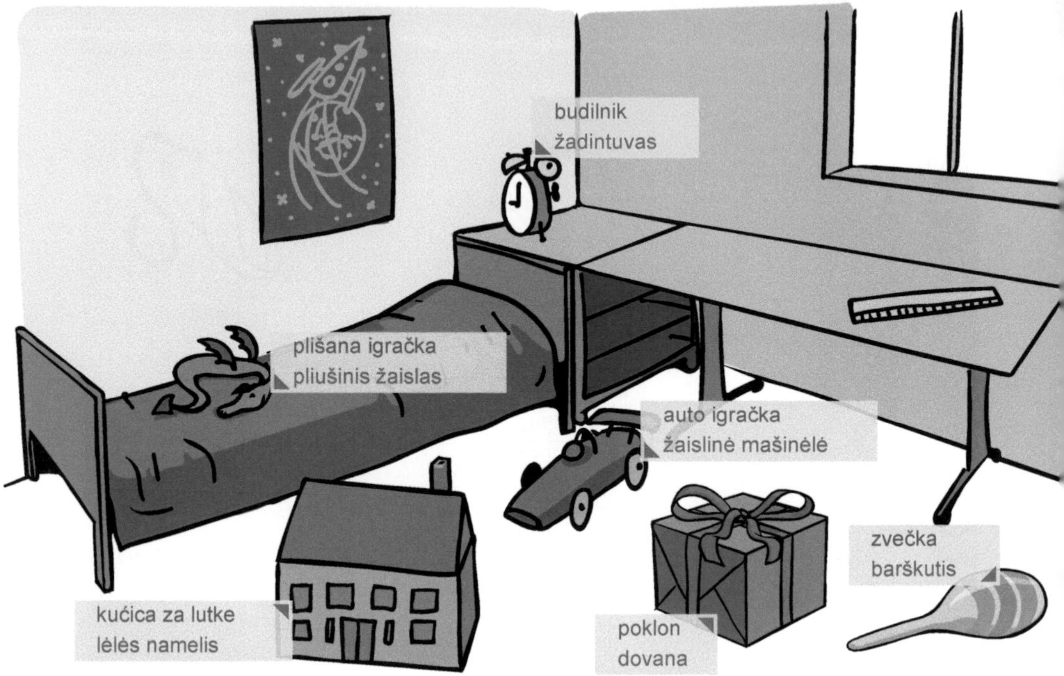
budilnik
žadintuvas
plišana igračka
pliušinis žaislas
auto igračka
žaislinė mašinėlė
zvečka
barškutis
kućica za lutke
lėlės namelis
poklon
dovana

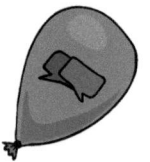

balon
balionas

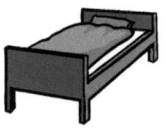

krevet
lova

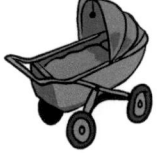

dječija kolica
vaikiškas vežimėlis

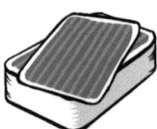

igra s kartama
kortų malka

slagalica
delionė

SUPER
MEGA

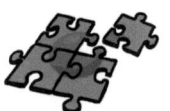

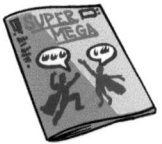

strip
komiksai

lego kockice

lego kaladėlės

kockice za slaganje

žaislinės kaladėlės

akcioni junak

figūrėlė

kombinezon za bebe

šliaužtinukai

frizbi

mėtymo lėkštė

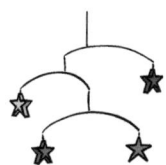

viseće igračke

karuselė

društvene igre

stalo žaidimas

kocka

kauliukai

minijaturna željeznica

žaislinis traukinys

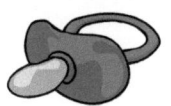

duda

žindukas

tulum

vakarėlis

slikovnica

paveiksliukų knygelė

lopta

kamuolys

lutka

lėlė

igrati

žaisti

pješčanik

smėlio dėžė

ljuljačka

sūpynės

igračka

žaislai

konzola za igre

žaidimų konsolė

tricikl

triratukas

plišani medo

meškiukas

ormar

drabužių spinta

odjeća

drabužis

kratke čarape

kojinės

čarape

kojinės virš kelių

hulahopke

pėdkelnės

šal
šalikas

kišobran
skėtis

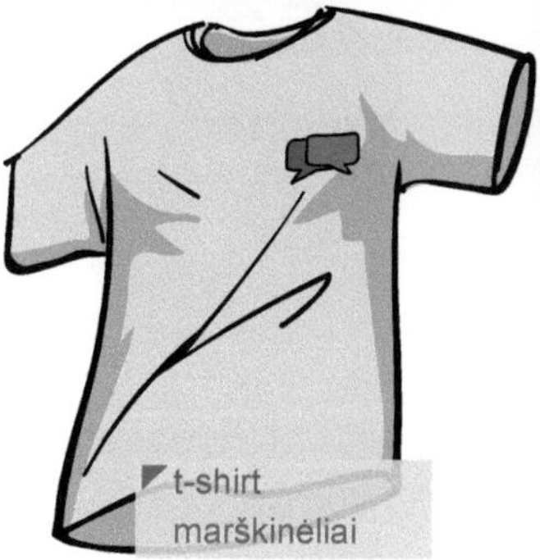

kaiš
diržas

t-shirt
marškinėliai

čizme
ilgaauliai batai

papuče
šlepetės

patike
sportbačiai

sandale
sandalai

cipele
batai

gumene čizme
guminiai batai

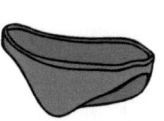

gaćice
trumpikės

grudnjak
liemenėlė

potkošulja
liemenė

odjeća - drabužis

bodi
glaustinukė

hlače
kelnės

džins
džinsai

haljina
sijonas

bluza
palaidinė

košulja
marškiniai

džemper
megztinis

pulover s kapuljačom
megztinis su gobtuvu

blejzer
švarkelis

jakna
švarkas

kaput
paltas

kabanica
lietpaltis

kostim
kostiumas

haljina
suknelė

vjenčanica
vestuvinė suknelė

odijelo

kostiumas

spavaćica

naktiniai marškiniai

pidžama

pižama

sari

saris

rubac

skarelė

turban

tiurbanas

burka

burka

kaftan

kaftanas

abaja

abaja

kupaći kostim

maudymosi kostiumėlis

kupaće gaćice

glaudės

kratke hlače

šortai

odjeća za trening

sportinis kostiumas

pregača

prijuostė

rukavice

pirštinės

gumb

saga

naočale

akiniai

narukvica

apyrankė

ogrlica

vėrinys

prsten

žiedas

naušnica

auskaras

kapa

kepurė

vješalica

pakabas

šešir

skrybėlė

kravata

kaklaraištis

patent zatvarač

užtrauktukas

kaciga

šalmas

naramenice

breketai

školska uniforma

mokyklinė uniforma

uniforma

uniforma

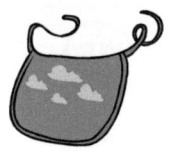

podbradak

seilinukas

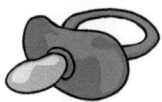

duda

žindukas

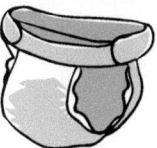

pelena

vystyklai

ured
biuras

server
serveris
ormar za spise
dokumentų spinta
papir
popierius
pisač
spausdintuvas
monitor
vaizduoklis
miš
pelė
pisaći stol
rašomasis stalas
mapa
aplankas
tipkovnica
klaviatūra
košara za papir
šiukšliadėžė
računar
kompiuteris
stolica
kėdė

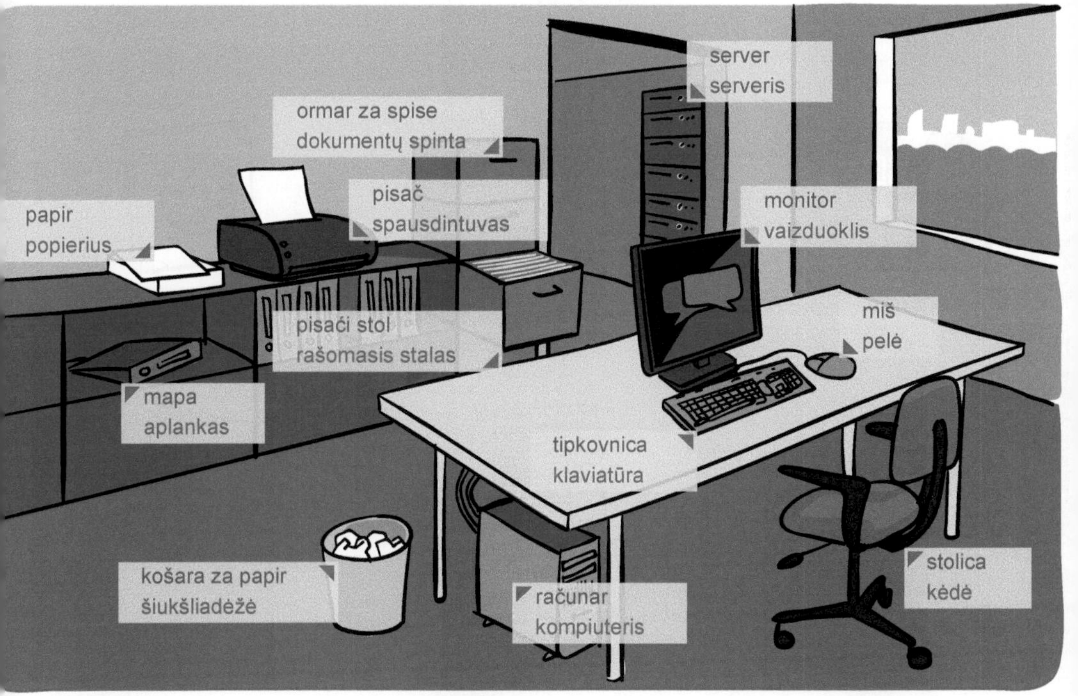

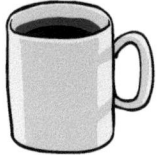

šalica za kavu

kavos puodelis

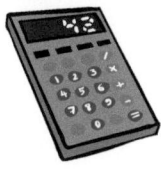

kalkulator

kalkuliatorius

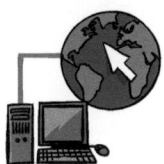

internet

internetas

laptop

nešiojamasis kompiuteris

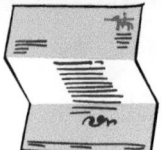

pismo

laiškas

poruka

žinutė

mobilni telefon

mobilusis telefonas

mreža

tinklas

uređaj za kopiranje

fotokopijavimo aparatas

softver

programinė įranga

telefon

telefonas

utičnica

kištukinis lizdas

faks

faksas

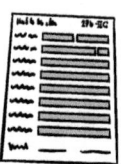

obrazac

forma

dokument

dokumentas

kupovati

pirkti

platiti

mokėti

trgovati

prekiauti

novac

pinigai

dolar

doleris

euro

euras

jen

jena

rubalj

rublis

švicarski franak

Šveicarijos frankas

renmindbi yuan

juanis

rupija

rupija

automat za novac

bankomatas

mjenjačnica

valiutos keitykla

zlato

auksas

srebro

sidabras

nafta

nafta

energija

energija

cijena

kaina

ugovor

sutartis

porez

mokestis

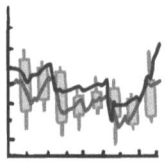

dionica

akcijos

raditi

dirbti

službenik

darbuotojas

poslodavac

darbdavys

tvornica

gamykla

prodavaonica

parduotuvė

policajac
policininkas

vatrogasac
ugniagesys

pilot
lakūnas

liječnik
gydytojas

kuhar
virėjas

vrtlar

sodininkas

stolar

stalius

krojačica

siuvėja

sudija

teisėjas

kemičar

chemikas

glumac

aktorius

vozač autobusa

autobuso vairuotojas

vozač taksija

taksi vairuotojas

ribar

žvejys

čistačica

valytoja

krovopokrivač

stogdengys

konobar

padavėjas

lovac

medžiotojas

slikar

dailininkas

pekar

kepėjas

električar

elektrikas

građevinski radnik

statybininkas

inženjer

inžinierius

mesar

mėsininkas

limar

santechnikas

poštar

paštininkas

vojnik

kareivis

arhitekta

architektas

blagajnik

kasininkas

cvjećar

gėlininkas

frizer

kirpėjas

kondukter

konduktorius

mehaničar

mechanikas

kapetan

kapitonas

zubar

odontologas

znanstvenik

mokslininkas

rabi

rabinas

imam

imamas

monah

vienuolis

svećenik

kunigas

alati

įrankiai

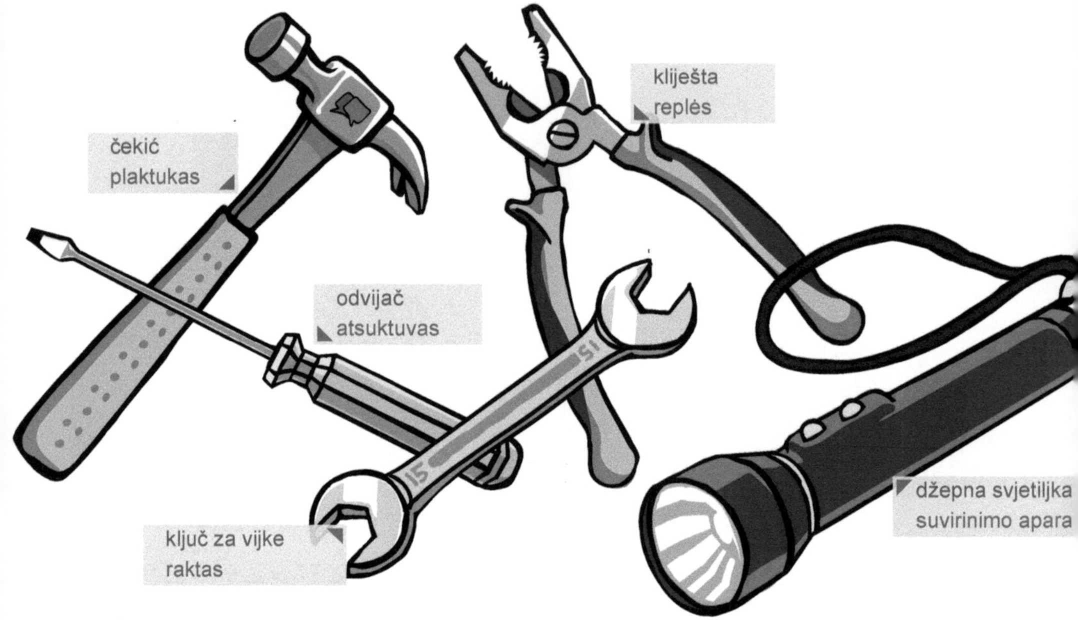

čekić
plaktukas
kliješta
replės
odvijač
atsuktuvas
ključ za vijke
raktas
džepna svjetiljka
suvirinimo apara

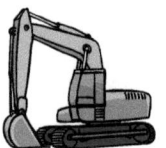

rovokopač

ekskavatorius

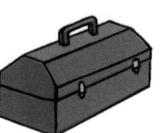

kutija za alat

įrankių dėžė

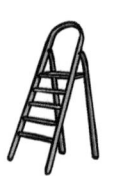

ljestve

kopėčios

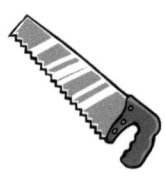

pila

pjūklas

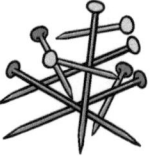

ekser

vinys

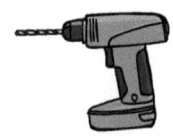

bušilica

grąžtas

popraviti

taisyti

lopata

kastuvas

Sranje!

Velniava!

lopatica

semtuvėlis

lonac za boju

dažų skardinė

vijci

varžtai

glazbeni instrument
muzikos instrumentai

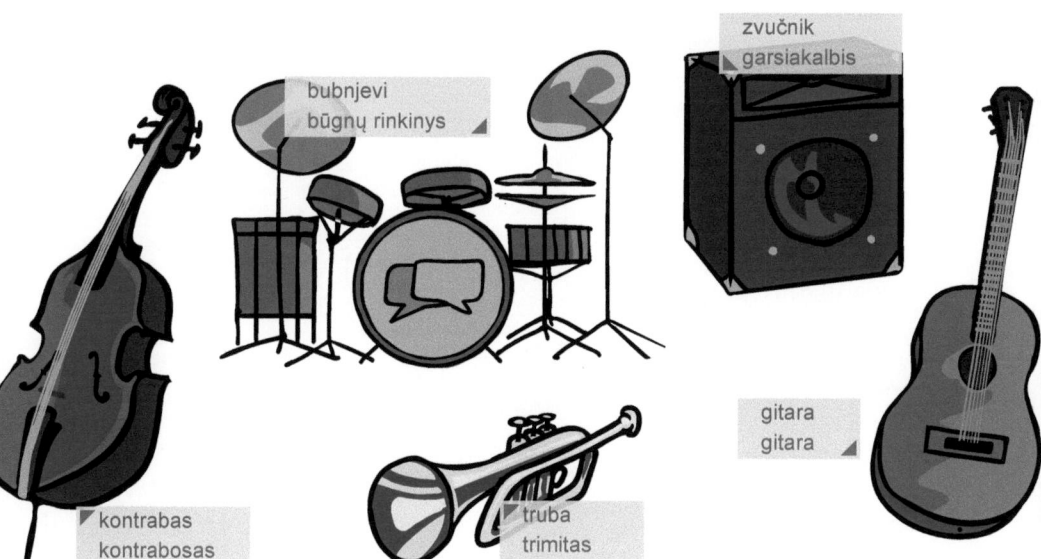

zvučnik
garsiakalbis

bubnjevi
būgnų rinkinys

gitara
gitara

kontrabas
kontrabosas

truba
trimitas

klavir

pianinas

violina

smuikas

bas

bosinė gitara

timpani

timpanas

udaraljke za bubnjeve

būgnai

keyboard

sintezatorius

saksofon

saksofonas

flauta

fleita

mikrofon

mikrofonas

zoološki vrt
zoologijos sodas

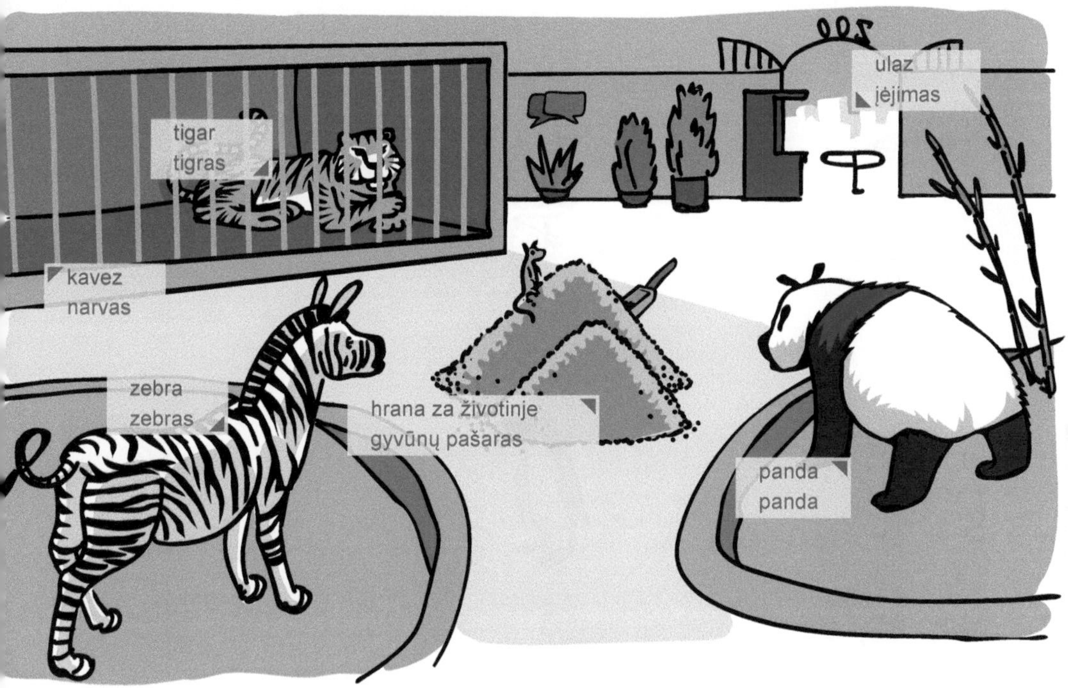
ulaz
įėjimas
tigar
tigras
kavez
narvas
zebra
zebras
hrana za životinje
gyvūnų pašaras
panda
panda

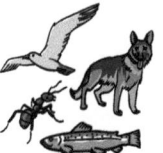

životinje

gyvūnai

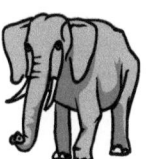

slon

dramblys

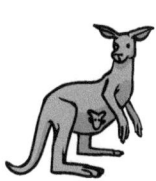

kengur

kengūra

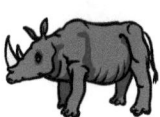

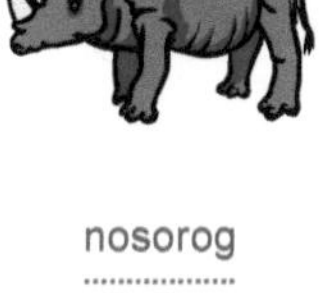

nosorog

raganosis

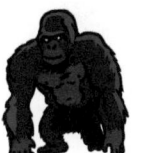

gorila

gorila

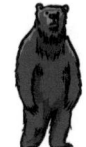

medvjed

meška

kamila

kupranugaris

noj

strutis

lav

liūtas

majmun

beždžionė

flamingo

flamingas

papagaj

papūga

polarni medvjed

baltoji meška

pingvin

pingvinas

ajkula

ryklys

paun

povas

zmija

gyvatė

krokodil

krokodilas

čuvar u zoološkom vrtu

zoologijos sodo prižiūrėtojas

tuljan

ruonis

jaguar

jaguaras

zoološki vrt - zoologijos sodas

poni

ponis

leopard

leopardas

nilski konj

begemotas

žirafa

žirafa

orao

erelis

divlja svinja

šernas

riba

žuvis

kornjača

vėžlys

morž

vėplys

lisica

lapė

gazela

gazelė

amerićki nogomet
amerikietiškas futbolas

biciklizam
dviračių sportas

tenis
tenisas

košarka
krepšinis

plivanje
plaukimas

boks
boksas

hockey na ledu
ledo ritulys

nogomet
futbolas

badminton
badmintonas

atletika
atletika

rukomet
rankinis

skijanje
slidinėjimas

polo
polas

skočiti
šokinėti

zagrliti
apkabinti

smijati se
juoktis

ići
vaikščioti

pjevati
dainuoti

sanjati
svajoti

moliti se
melstis

poljubiti
bučiuoti

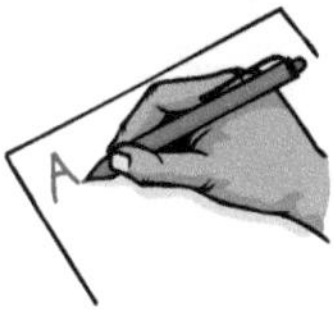

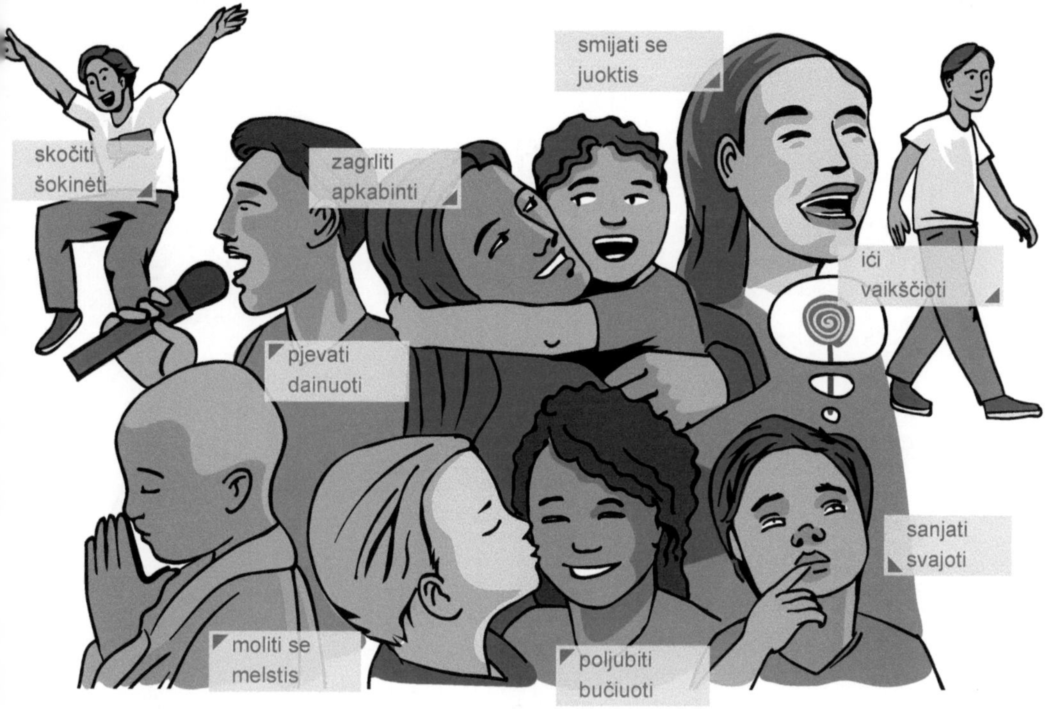

pisati
rašyti

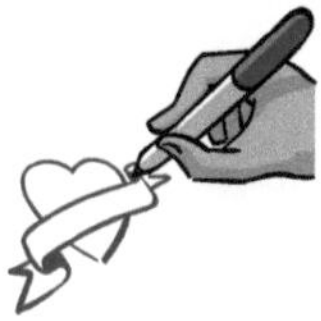

crtati
piešti

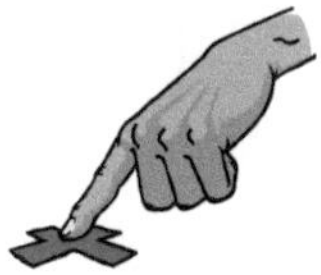

pokazati
rodyti

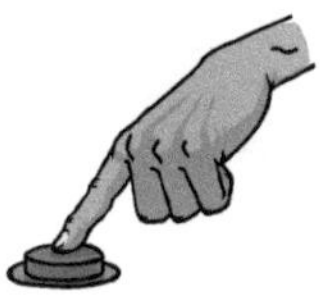

gurati
stumti

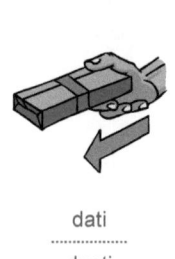

dati
duoti

uzeti
imti

imati

turėti

činiti

daryti

biti

būti

stojati

stovėti

trčati

bėgti

povlačiti

traukti

baciti

mesti

padati

kristi

ležati

meluoti

čekati

laukti

nositi

nešti

sjediti

sėdėti

oblačiti

rengtis

spavati

miegoti

probuditi se

pabusti

gledati
....
žiūrėti

plakati
....
verkti

milovati
....
glostyti

češljati
....
šukuoti

govoriti
....
kalbėti

razumjeti
....
suprasti

pitati
....
paklausti

slušati
....
klausytis

piti
....
gerti

jesti
....
valgyti

pospremiti
....
tvarkytis

voljeti
....
mylėti

kuhati
....
gaminti

voziti
....
vairuoti

letjeti
....
skristi

ploviti

buriuoti

računati

skaičiuoti

čitati

skaityti

učiti

mokytis

raditi

dirbti

vjenčati se

vesti

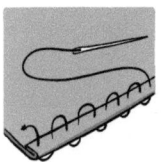

šiti

siūti

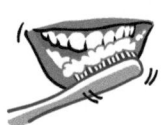

prati zube

valytis dantis

ubiti

žudyti

pušiti

rūkyti

poslati

siųsti

baka
senelė

djed
senelis

otac
tėvas

majka
motina

beba
kūdikis

kćerka
dukra

sin
sūnus

gost

svečias

tetka

teta

ujak, stric

dėdė

brat

brolis

sestra

sesuo

tijelo
kūnas

čelo
kakta
oko
akis
lice
veidas
brada
smakras
grudi
krūtinė
prst
pirštas
ruka
plaštaka
ruka
ranka
rame
petys
noga
koja

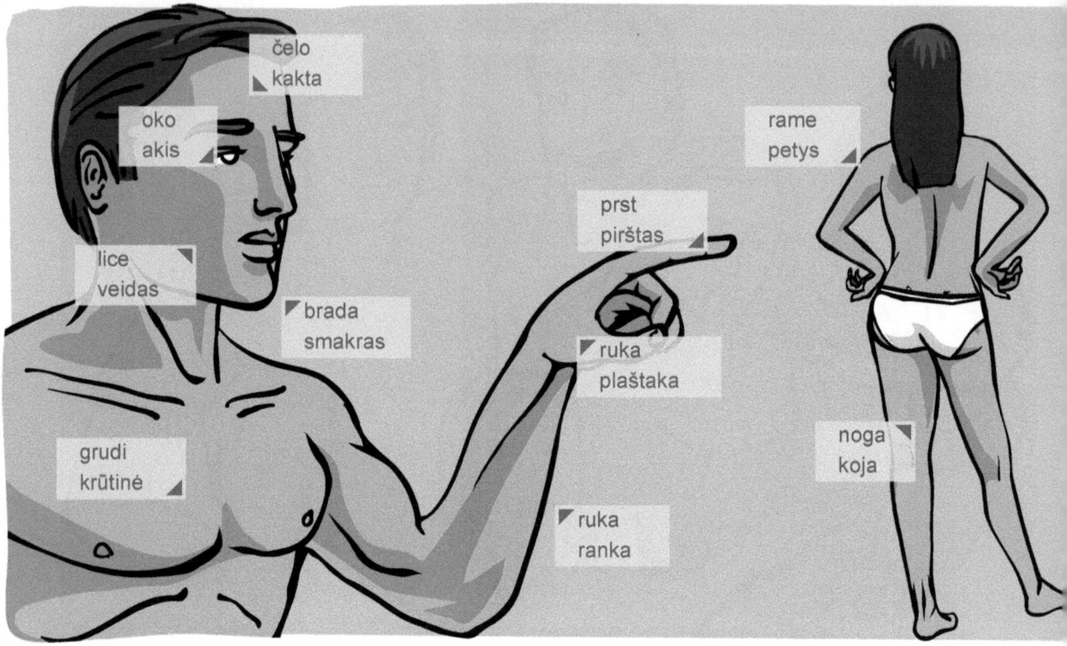

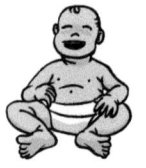

beba
kūdikis

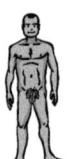

muškarac
vyras

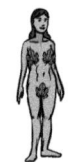

žena
moteris

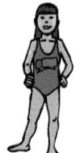

djevojčica
mergaitė

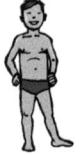

dječak
berniukas

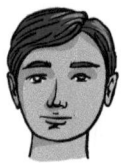

glava
galva

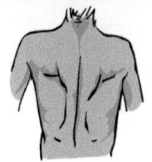

leđa
nugara

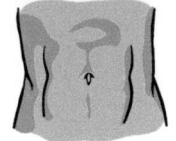

trbuh
pilvas

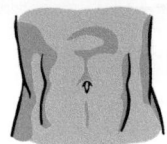

pupak
bamba

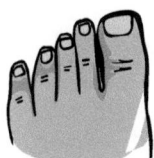

nožni prst
kojos pirštas

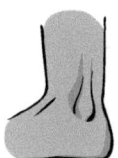

peta
kulnas

kost
kaulas

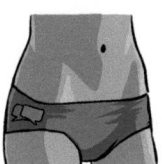

kuk
klubas

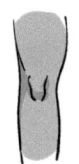

koljeno
kelis

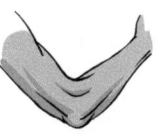

lakat
alkūnė

nos
nosis

stražnjica
sėdmenys

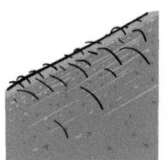

koža
oda

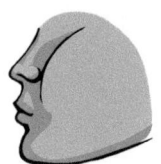

obraz
skruostas

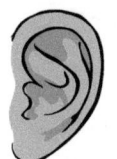

uho
ausis

usna
lūpa

usta

burna

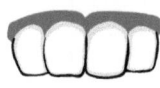

zub

dantis

jezik

liežuvis

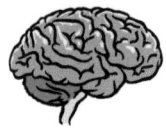

mozak

smegenys

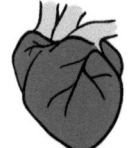

srce

širdis

mišić

raumuo

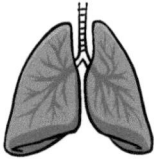

pluća

plaučiai

jetra

kepenys

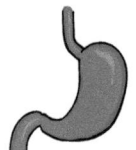

želudac

skrandis

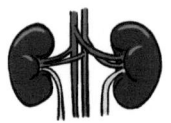

bubrezi

inkstai

snošaj

seksas

kondom

prezervatyvas

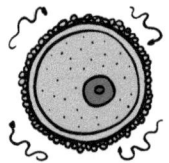

jajna stanica

kiaušialąstė

sperma

sperma

trudnoća

nėštumas

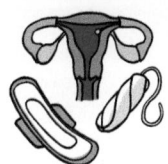

menstruacija
menstruacijos

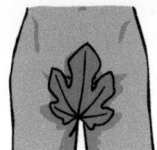

vagina
makštis

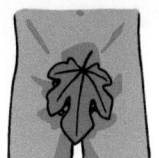

penis
varpa

obrva
antakis

kosa
plaukai

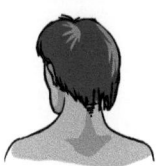

vrat
kaklas

bolnica
ligoninė

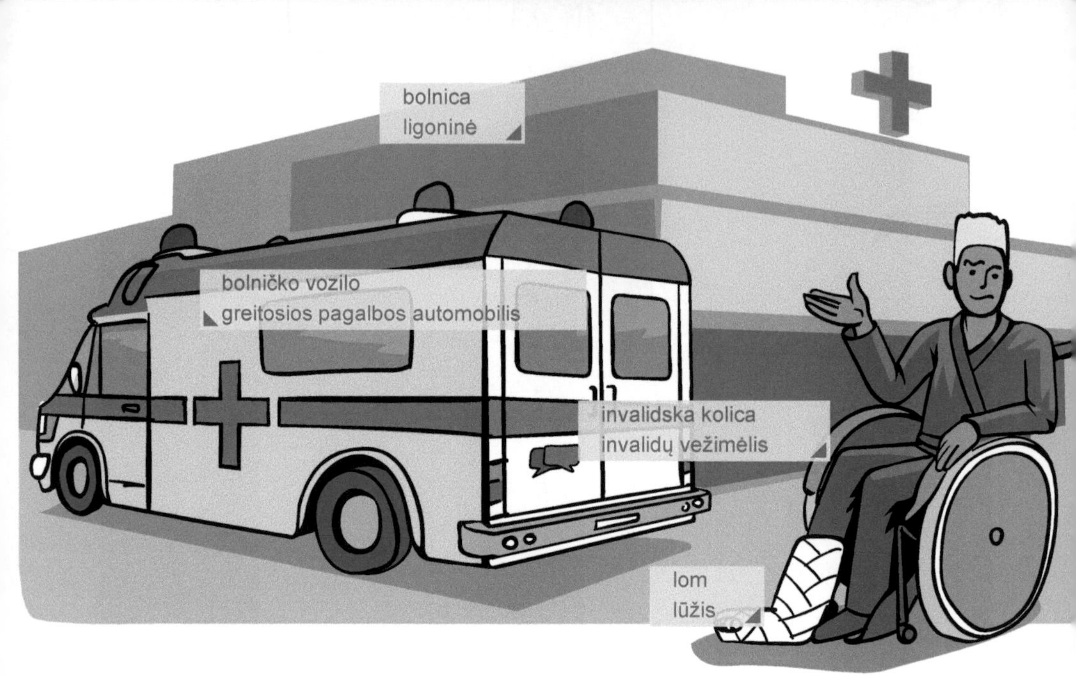

bolnica
ligoninė
bolničko vozilo
greitosios pagalbos automobilis
invalidska kolica
invalidų vežimėlis
lom
lūžis

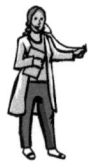

liječnik

gydytojas

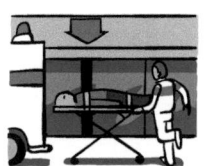

hitna medicinska služba

skubios pagalbos skyrius

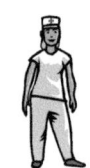

medicinska sestra

slaugytoja

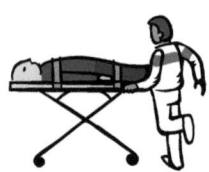

hitni slučaj

nelaimingas atsitikimas

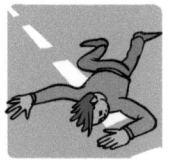

nesvijest

be sąmonės

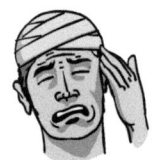

bol

skausmas

ozljeda

sužalojimas

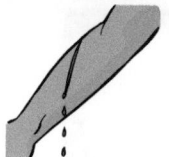

krvarenje

kraujavimas

srćani infarkt

širdies smūgis

moždani udar

insultas

alergija

alergija

kašalj

kosulys

groznica

karščiavimas

gripa

gripas

proljev

viduriavimas

glavobolja

galvos skausmas

rak

vėžys

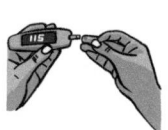

dijabetes

diabetas

kirurg

chirurgas

skalpel

skalpelis

operacija

operacija

ct

KT

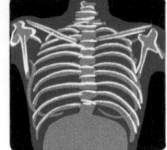

rentgen

rentgenas

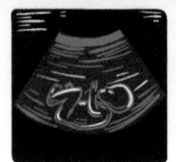

ultrazvuk

ultragarsas

maska

veido kaukė

bolest

liga

čekaonica

laukiamasis

štaka

ramentas

flaster

gipsas

zavoj

tvarstis

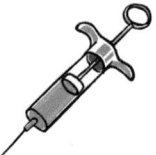

injekcija

injekcija

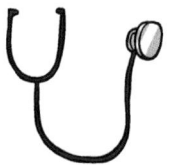

stetoskop

stetoskopas

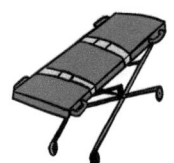

nosilo

neštuvai

termometar

termometras

rođenje

gimimas

prekomjerna težina

antsvoris

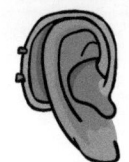

slušni aparat

klausos aparatas

sredstvo za dezinfekciju

dezinfekavimo priemonė

infekcija

infekcija

virus

virusas

hiv / sida

ŽIV / AIDS

medicina

vaistas

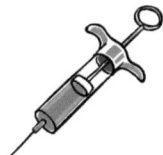

vakcinacija

skiepijimas

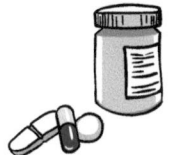

tablete

tabletės

pilula

piliulė

poziv u pomoć

skubios pagalbos numeris

uređaj za mjerenje tlaka

kraujospūdžio matuoklis

bolesno / zdravo

ligotas / sveikas

pomoć!
Padėkite!

alarm
pavojaus signalas

nasrtaj
užpuolimas

napad
ataka

opasnost
pavojus

izlaz za nuždu
avarinis išėjimas

požar!
Gaisras!

vatrogasni aparat
gesintuvas

nezgoda
nelaimingas atsitikimas

kofer prve pomoći
pirmosios pagalbos rinkinys

sos
SOS

policija
policija

Europa

Europa

sjeverna amerika

Šiaurės Amerika

južna amerika

Pietų Amerika

Afrika

Afrika

Azija

Azija

Australija

Australija

Atlantik

Atlanto vandenynas

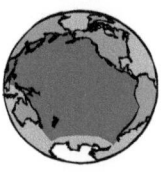

Pacifik

Ramusis vandenynas

ocean

Indijos vandenynas

antarktički ocean

Pietų vandenynas

arktički ocean

Arkties vandenynas

sjeverni pol

Šiaurės ašigalis

južni pol

Pietų ašigalis

Antarktik

Antarktida

zemlja

Žemė

zemlja

sausuma

more

jūra

otok

sala

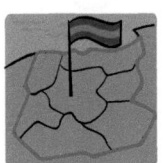

nacija

tauta

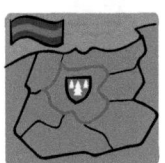

država

valstybė

brojčanik sata

ciferblatas

satna kazaljka

valandinė rodyklė

minutna kazaljka

minutinė rodyklė

sekundna kazaljka

sekundinė rodyklė

Koliko je sati?

Kiek valandų?

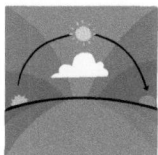

dan

diena

vrijeme

laikas

sada

dabar

digitalni sat

skaitmeninis laikrodis

minuta

minutė

sat

valanda

tjedan

savaitė

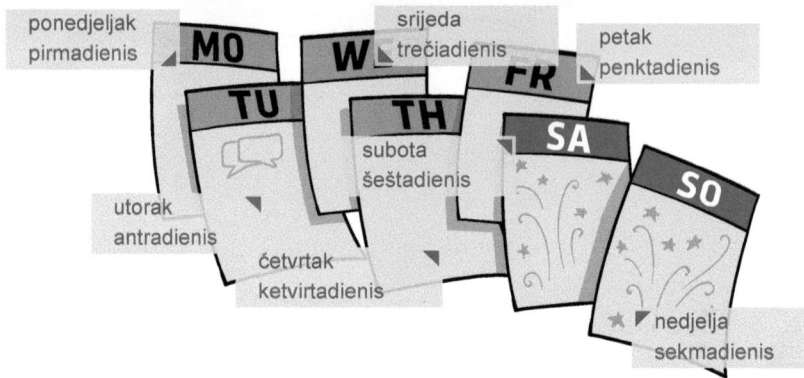

ponedjeljak
pirmadienis

srijeda
trečiadienis

petak
penktadienis

utorak
antradienis

subota
šeštadienis

četvrtak
ketvirtadienis

nedjelja
sekmadienis

jučer

vakar

danas

šiandien

sutra

rytoj

jutro

rytas

podne

vidurdienis

večer

vakaras

radni dani

darbo dienos

vikend

savaitgalis

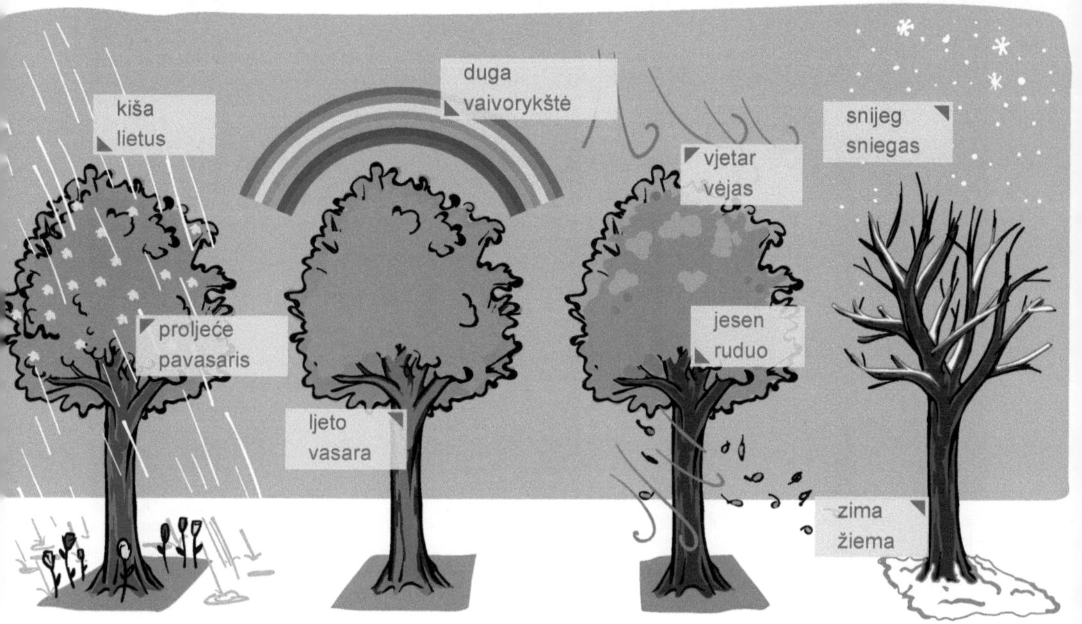

kiša
lietus

duga
vaivorykštė

snijeg
sniegas

vjetar
vėjas

proljeće
pavasaris

jesen
ruduo

ljeto
vasara

zima
žiema

4.APRIL	11°	☀
5.APRIL	4°	
6.APRIL	13°	
7.APRIL	8°	❄
8.APRIL	10°	☀

meteorološka prognoza

orų prognozė

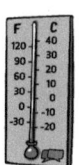

termometar

lauko termometras

sunčana svjetlost

saulės šviesa

oblak

debesis

magla

rūkas

vlažnost zraka

drėgmė

munja

žaibas

grmljavina

griaustinis

oluja

audra

tuča

kruša

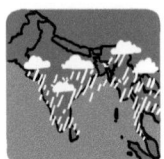

monsun

musonas

poplava

potvynis

led

ledas

siječanj

sausis

veljača

vasaris

ožujak

kovas

travanj

balandis

svibanj

gegužė

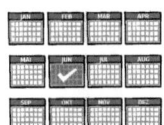

lipanj

birželis

srpanj

liepa

kolovoz

rugpjūtis

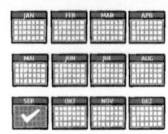

rujan
rugsėjis

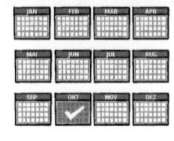

listopad
spalis

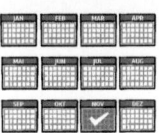

studeni
lapkritis

prosinac
gruodis

krug
apskritimas

kvadrat
kvadratas

pravokutnik
stačiakampis

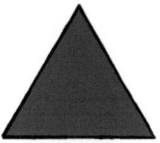

trokut
trikampis

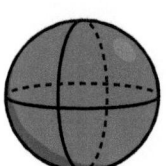

kugla
sfera

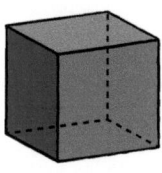

kocka
kubas

bijela

balta

žuta

geltona

narančasta

oranžinė

ružičasta

rožinė

crvena

raudona

ljubičasta

violetinė

plava

mėlyna

zelena

žalia

smeđa

ruda

siva

pilka

crna

juoda

mnogo / malo

daug / mažai

ljutito / mirno

piktas / ramus

lijepo / ružno

gražus / bjaurus

početak / kraj

pradžia / pabaiga

veliko / maleno

didelis / mažas

svijetlo / tamno

šviesus / tamsus

brat / sestra

brolis / sesuo

čisto / prljavo

švarus / purvinas

potpuno / nepotpuno

užbaigtas / neužbaigtas

dan / noć

diena / naktis

mrtvo / živo

miręs / gyvas

široko / usko

platus / siauras

jestivo / nejestivo

valgomas / nevalgomas

zlo / dobro

piktas / malonus

uzbuđeno / dosadno

linksmas / nuobodus

debelo / mršavo

storas / plonas

na početku / na kraju

pirmiausia / paskiausia

prijatelj / neprijatelj

draugas / priešas

puno / prazno

pilnas / tuščias

tvrdo / mekano

kietas / minkštas

teško / lagano

sunkus / lengvas

glad / žeđ

alkis / troškulys

bolesno / zdravo

ligotas / sveikas

ilegalno / legalno

nelegalus / legalus

pametno / glupo

protingas / kvailas

lijevo / desno

kairė / dešinė

blizu / daleko

arti / toli

novo / rabljeno

naujas / naudotas

ništa / nešto

niekas / kažkas

staro / mlado

senas / jaunas

uključeno / isključeno

įjungta / išjungta

otvoreno / zatvoreno

atidaryta / uždaryta

tiho / glasno

tylus / garsus

bogato / siromašno

turtingas / vargšas

točno / pogrešno

teisus / neteisus

hrapavo / glatko

šiurkštus / švelnus

tužno / sretno

liūdnas / laimingas

kratko / dugo

trumpas / ilgas

polako / brzo

lėtas / greitas

mokro / suho

drėgnas / sausas

toplo / hladno

šiltas / šaltas

rat / mir

karas / taika

brojevi
skaičiai

0

nula

nulis

1

jedan

vienas

2

dva

du

3

tri

trys

4

četiri

keturi

5

pet

penki

6

šest

šeši

7

sedam

septyni

8

osam

aštuoni

9

devet

devyni

10

deset

dešimt

11

jedanaest

vienuolika

12

dvanaest

dvylika

13

trinaest

trylika

14

četrnaest

keturiolika

15

petnaest

penkiolika

16

šestnaest

šešiolika

17

sedamnaest

septyniolika

18

osamnaest

aštuoniolika

19

devetnaest

devyniolika

20

dvadeset

dvidešimt

100

stotinu

šimtas

1.000

tisuću

tūkstantis

1.000.000

milijun

milijonas

brojevi - skaičiai

engleski

anglų

američko engleski

amerikiečių anglų

kinesko mandarinski

kinų (mandarinų)

hindi

hindi

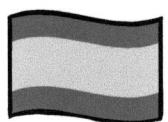

španjolski

ispanų

francuski

prancūzų

arapski

arabų

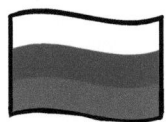

ruski

rusų

portugalski

portugalų

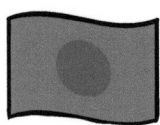

bengalski

bengalų

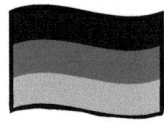

njemački

vokiečių

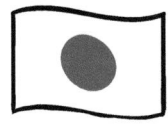

japanski

japonų

ja
aš

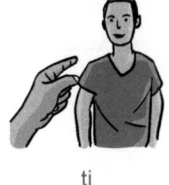

ti
tu

on / ona / ono
jis / ji

mi
mes

vi
jūs

oni
jie

tko?
kas?

što?
ką?

kako?
kaip?

gdje?
kur?

kada?
kada?

ime
vardas

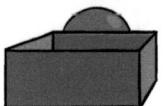

iza
....
už

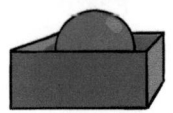

u
....
kur (vieta)

ispred
....
priešais

preko
....
virš

na
....
ant

ispod
....
po

pored
....
prie

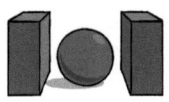

između
....
tarp

mjesto
....
vieta